Turtles

Coloring Book for Grown-Ups

ColoringArtist.com

Animals Coloring Books

Animals Adult Coloring Book 1
Animals Adult Coloring Book 2
Animals Adult Coloring Book 3
Birds Coloring Book for Grown-Ups 1
Butterflies Coloring Book for Grown-Ups 1
Cats Coloring Book for Grown-Ups 1
Cute Kittens and Cats Coloring Book 1
Cute Kittens and Cats Coloring Book 2
Cute Kittens and Cats Coloring Book 3
Dogs Coloring Book 1
Dogs Coloring Book 2
Dogs Coloring Book 3
Dogs Coloring Book for Grown-Ups 1
Elephants Coloring Book for Grown-Ups 1
Fantasy Animals Coloring Book for Grown-Ups 1
Foxes Coloring Book for Grown-Ups 1
Horses Coloring Book for Grown-Ups 1
Horses, Unicorns and Pegasus Adult Coloring Book 1
Lions Coloring Book for Grown-Ups 1
Monkeys Coloring Book for Grown-Ups 1
Owls Coloring Book for Grown-Ups 1
Owls Coloring Book for Grown-Ups 2
Owls Coloring Book for Grown-Ups 1 & 2
Reptiles Coloring Book for Grown-Ups 1
Seahorses Coloring Book for Grown-Ups 1
Snakes Coloring Book for Grown-Ups 1
Tigers Coloring Book for Grown-Ups 1
Turtles Coloring Book for Grown-Ups 1
Wild Cats Coloring Book for Grown-Ups 1
Wolves Coloring Book for Grown-Ups 1

You can find Doodles, Paisley, Guns, Venetian Carnival Masks, Kids, Ballerina, Mandalas, Fairy Tales, Cartoons, Tractors, Zodiac Signs, Airplanes, Flowers, Russian Dolls, Robots, Mermaids, Occult, Numbers, Buildings, Sexy Girls, Zombie, Clowns, Patterns, Droll Ducks, Princess, Skylines Of The United States, Alphabet, Bible, Prehistoric, Ships, Angel Flower Girl, Cowboys and Cowgirls, School, Fairies, Aztec, Dragons, Anime, Monsters, Connect the Dots, Venice, Italy, Motorcycles, Armored Vehicles, Steampunk, Animals, Holidays, Faces, Pirates, Adults, Food, ... coloring books at http://www.coloringartist.com

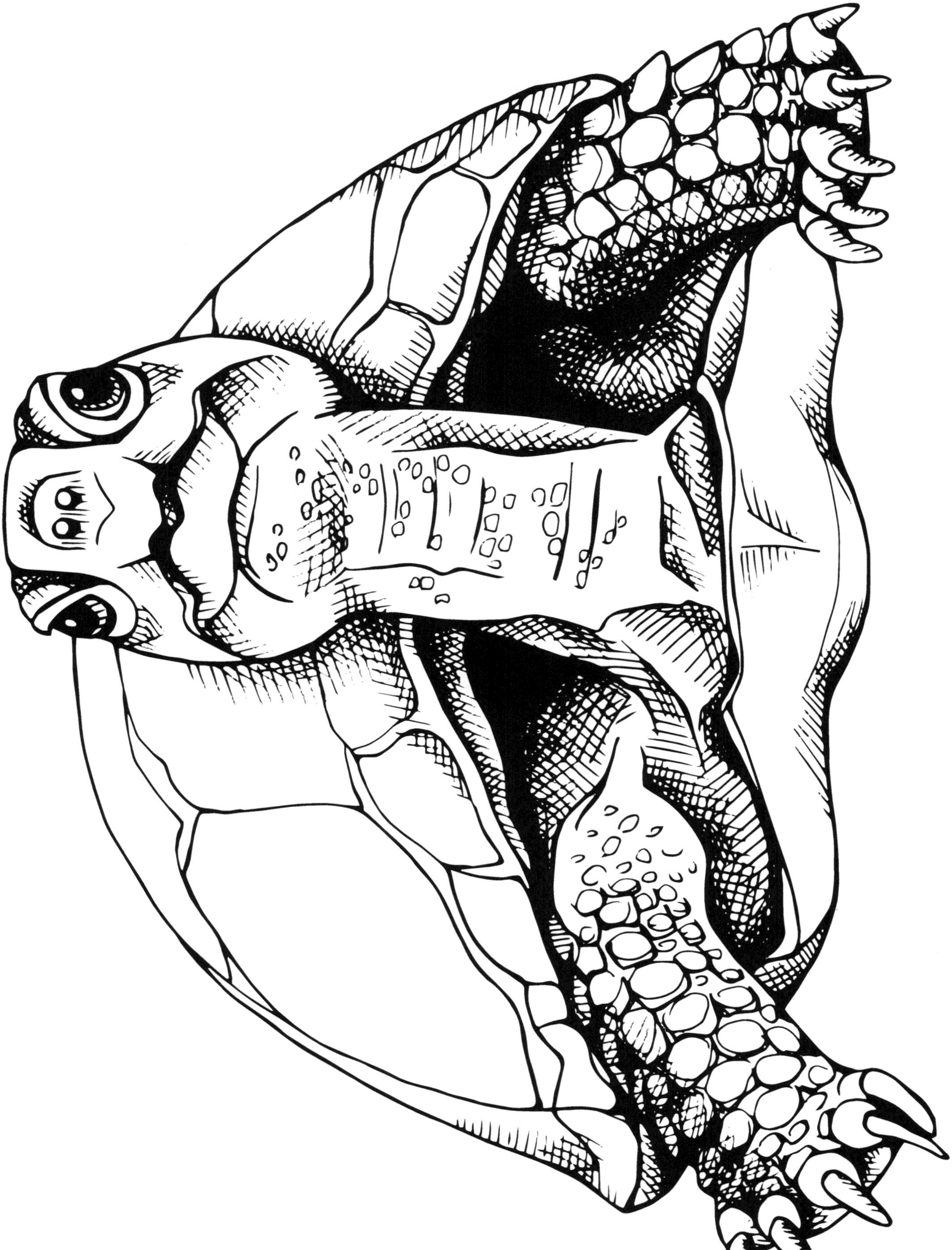

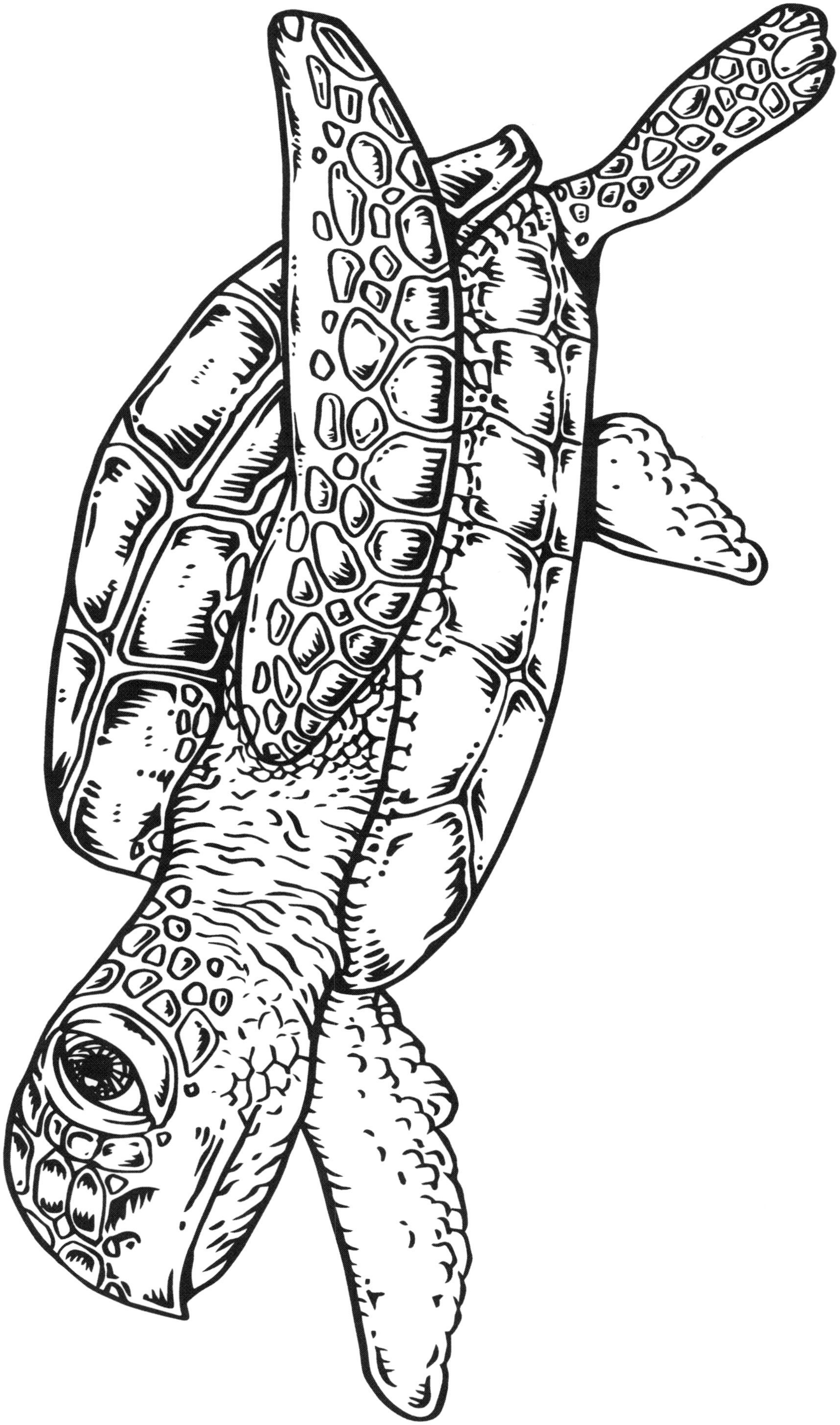

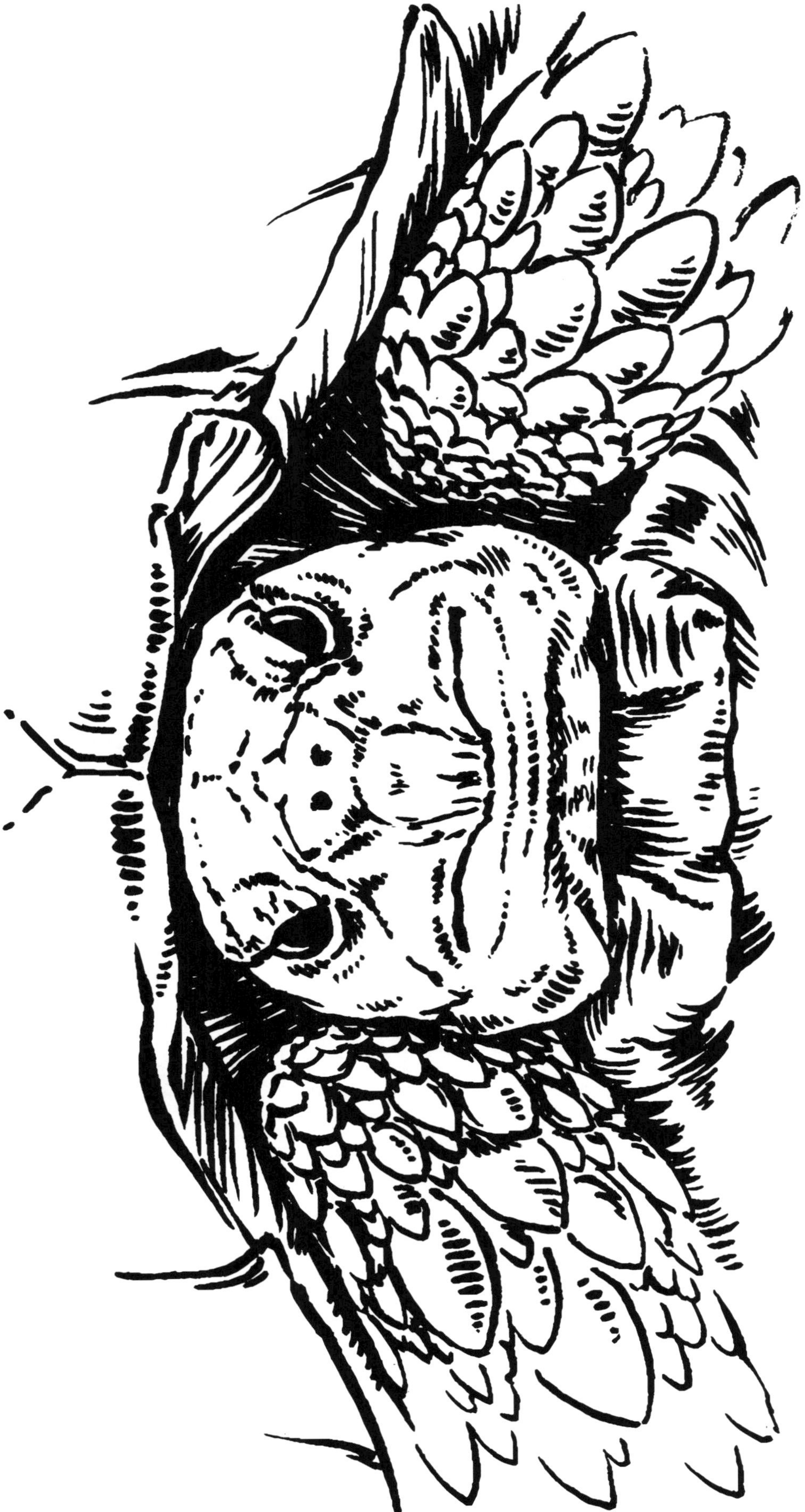

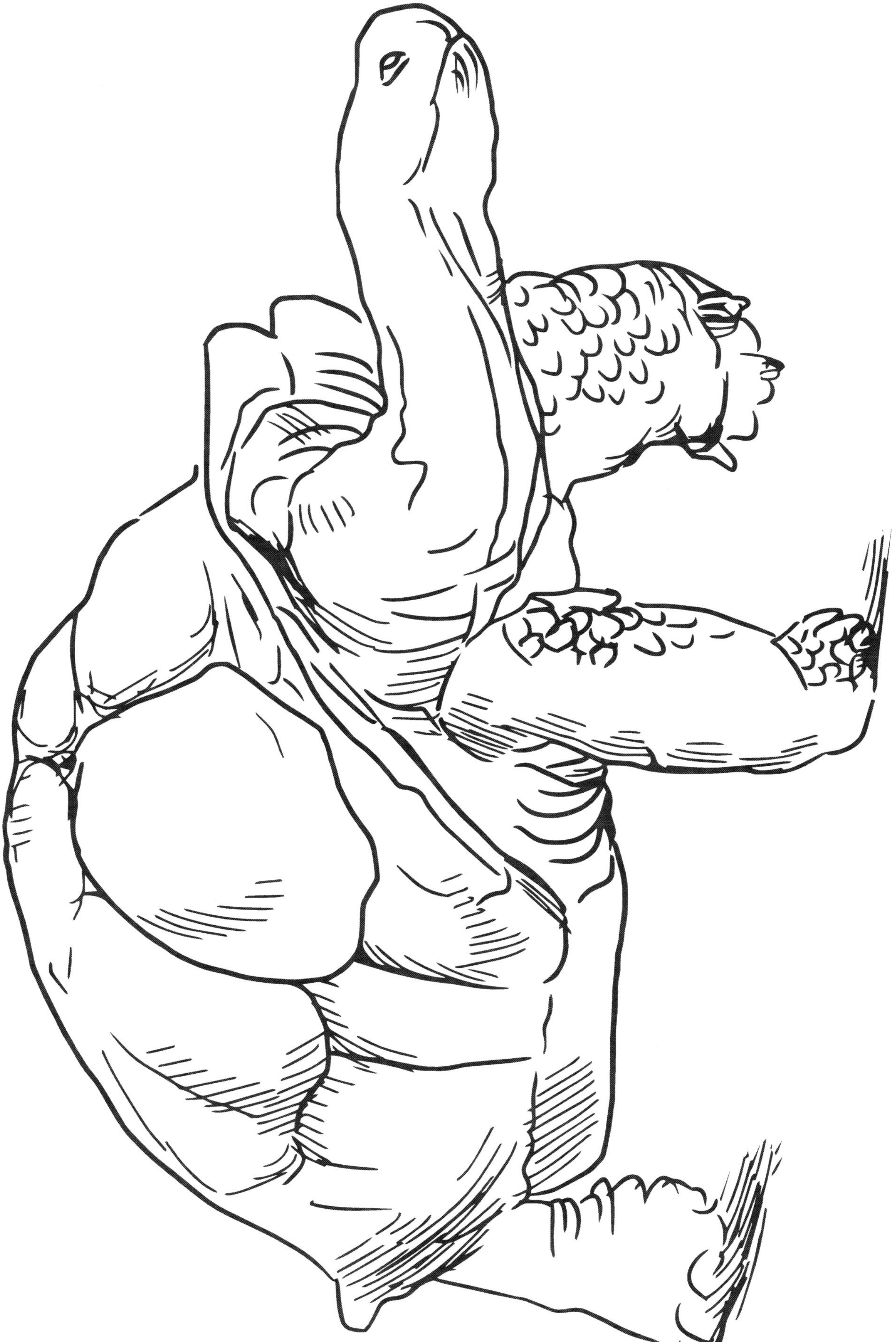

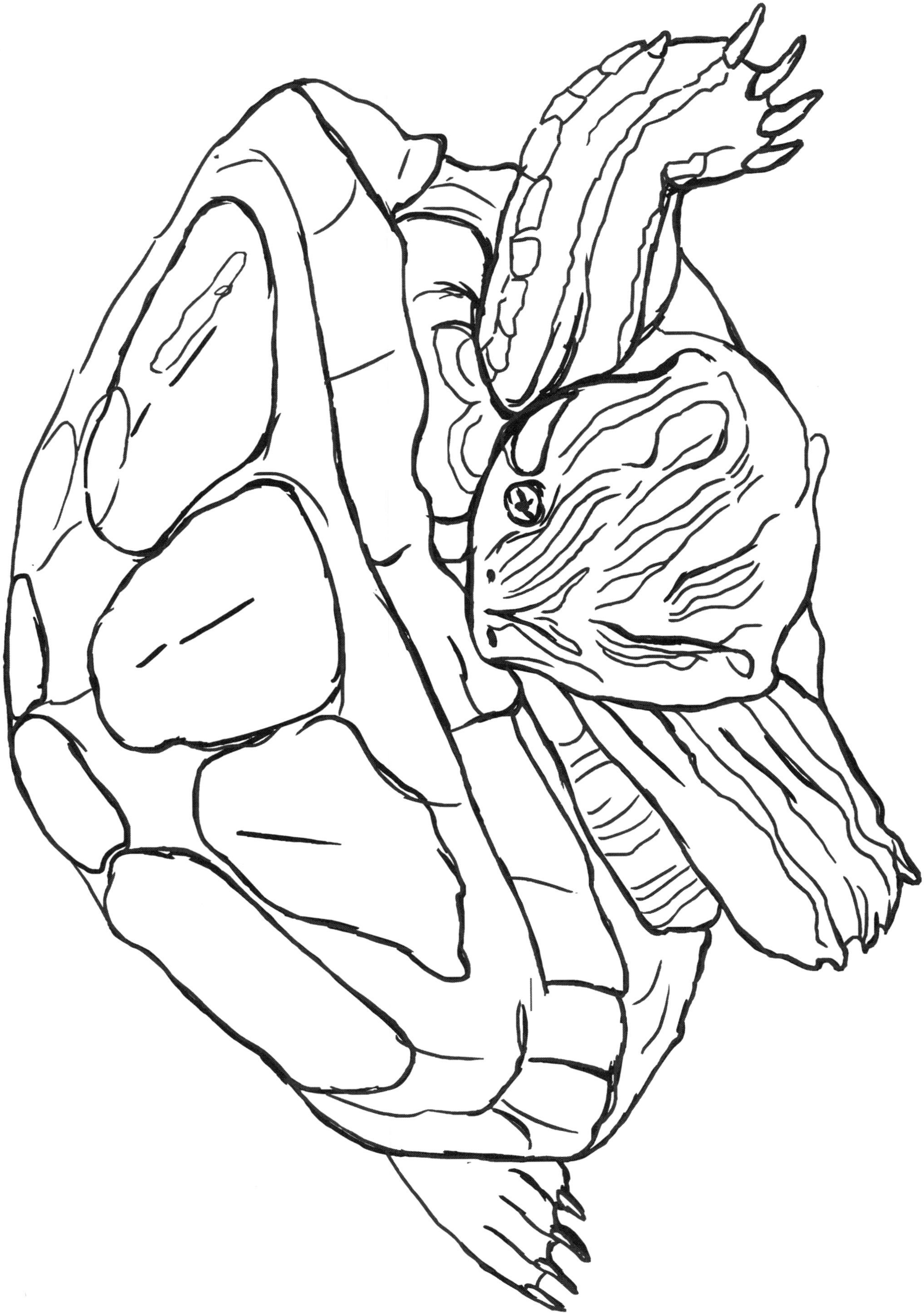

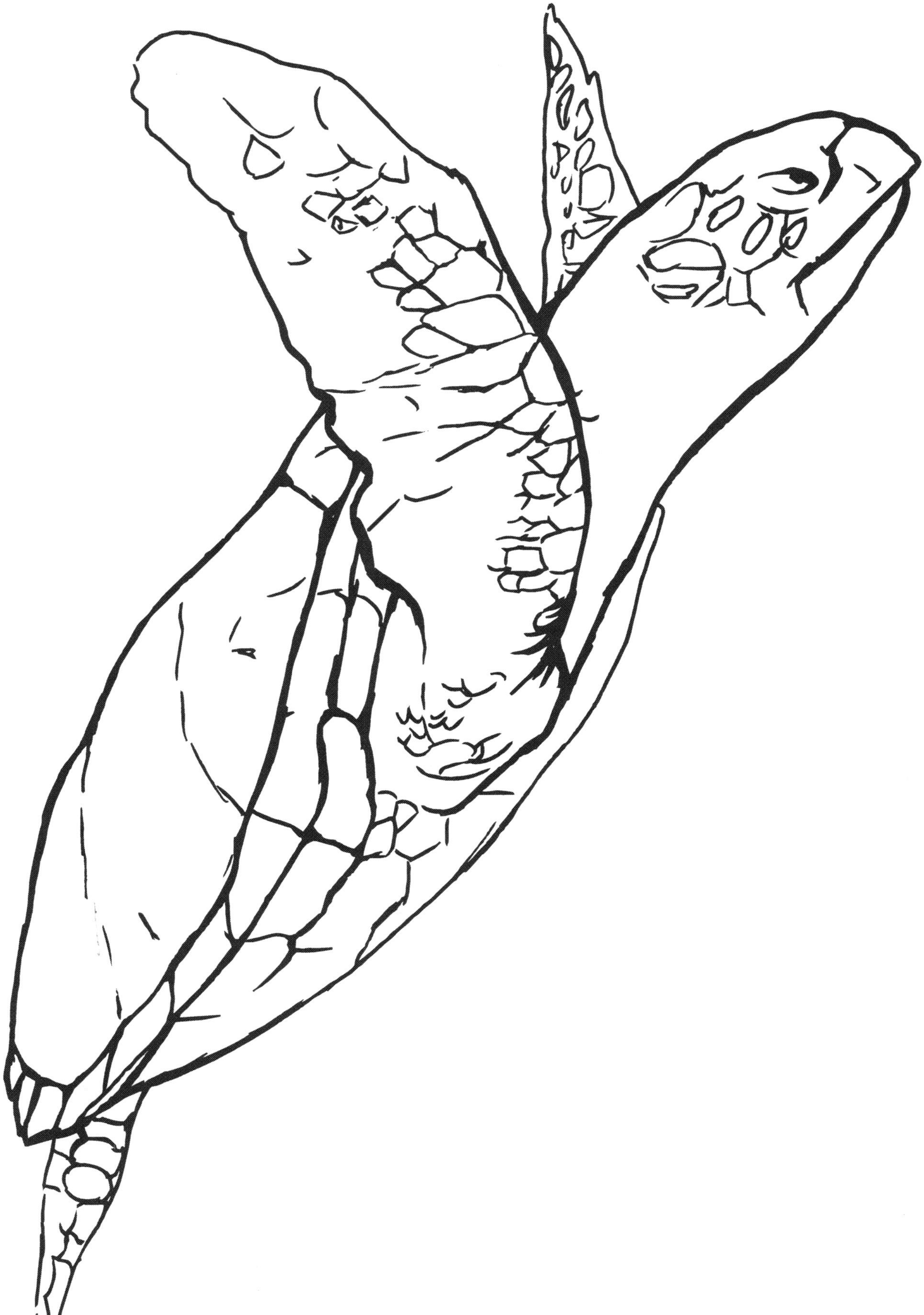

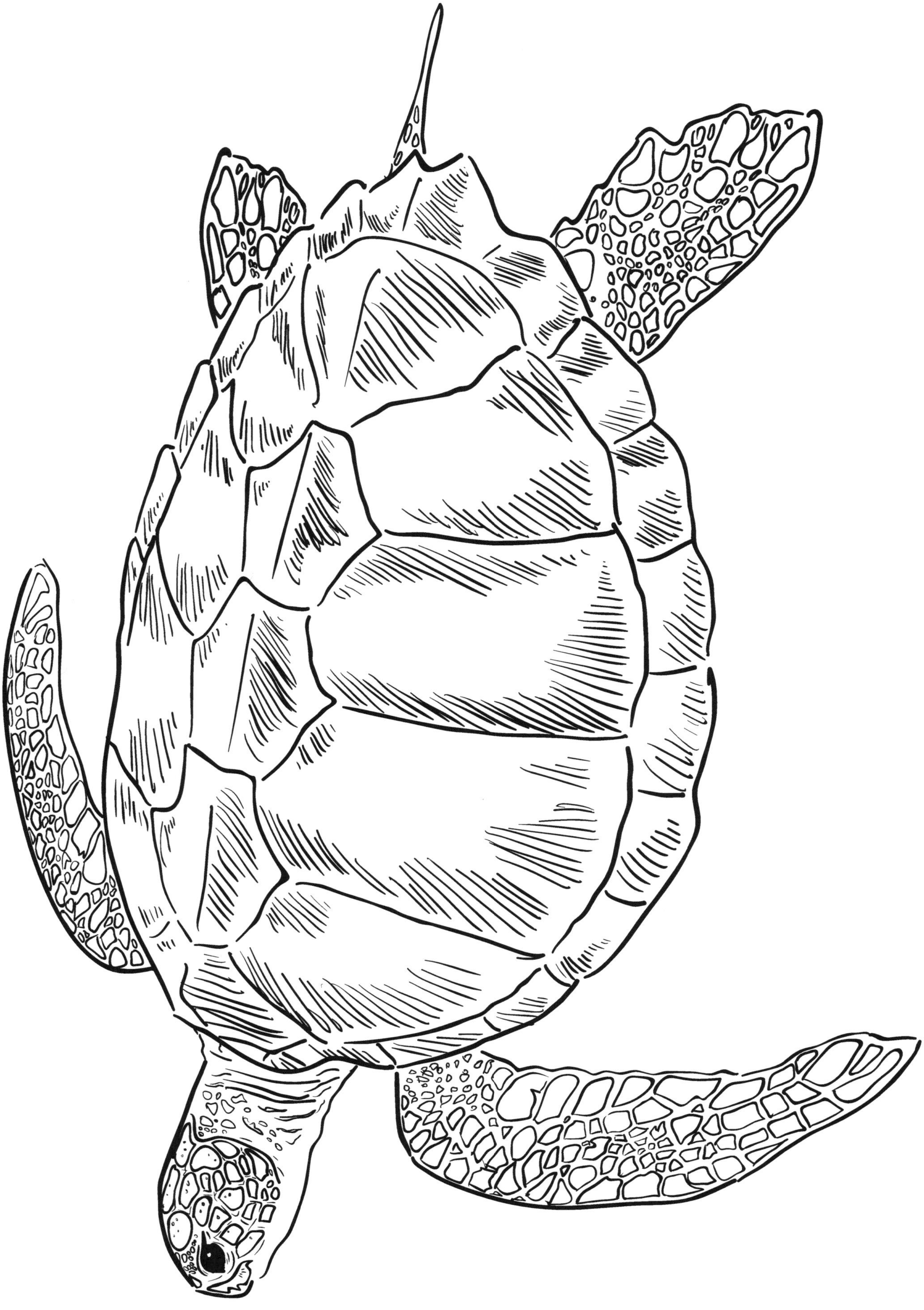

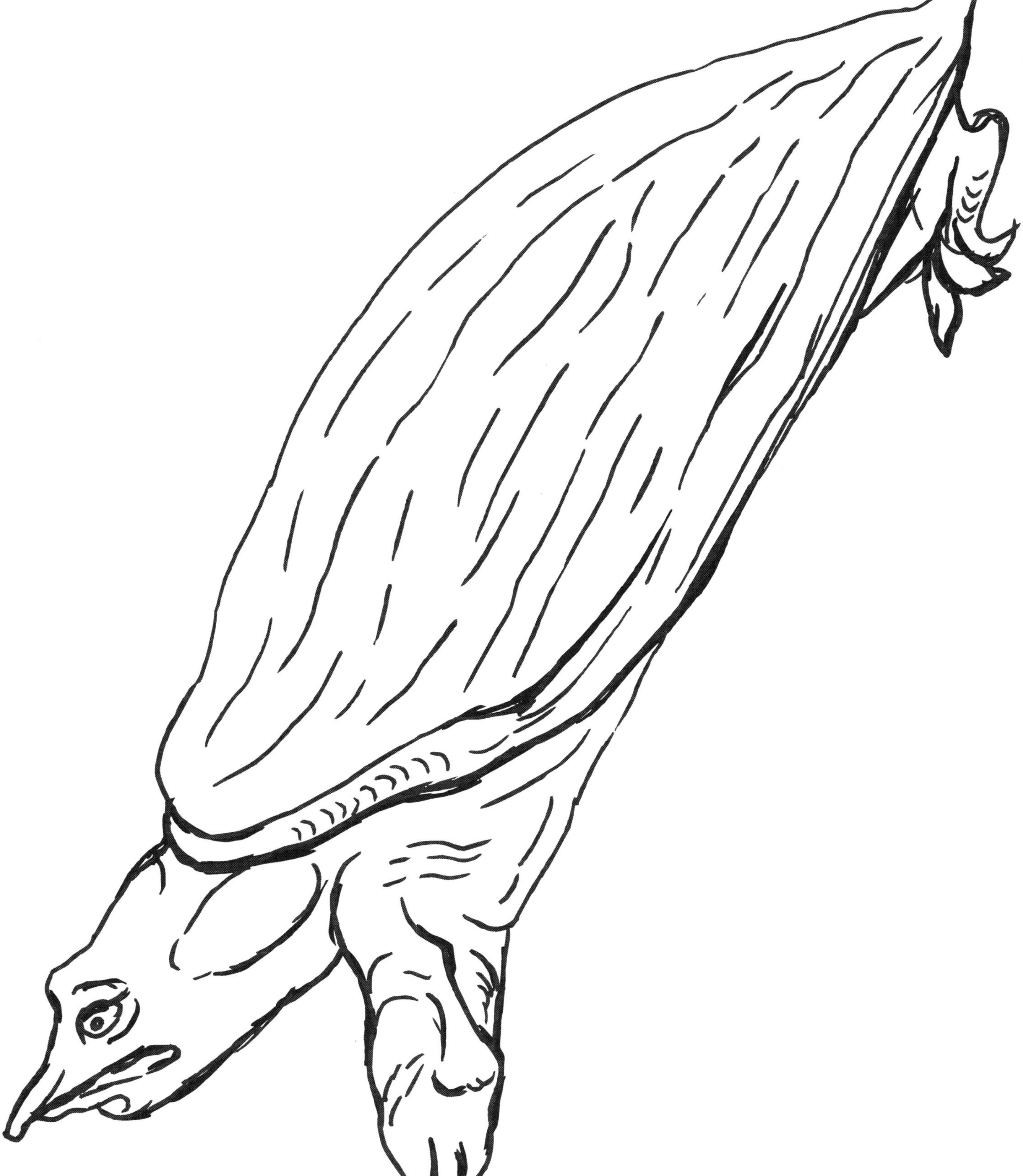

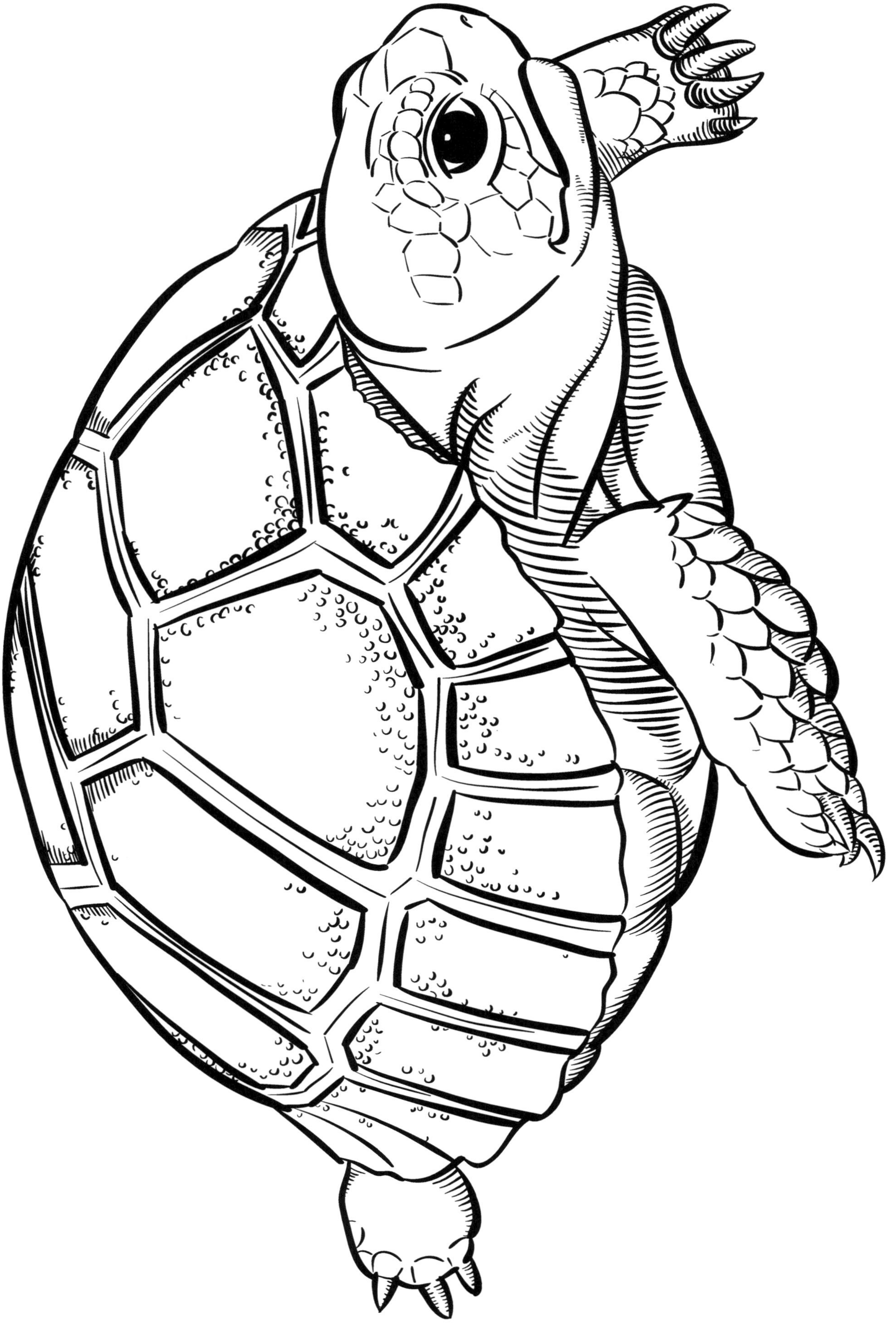

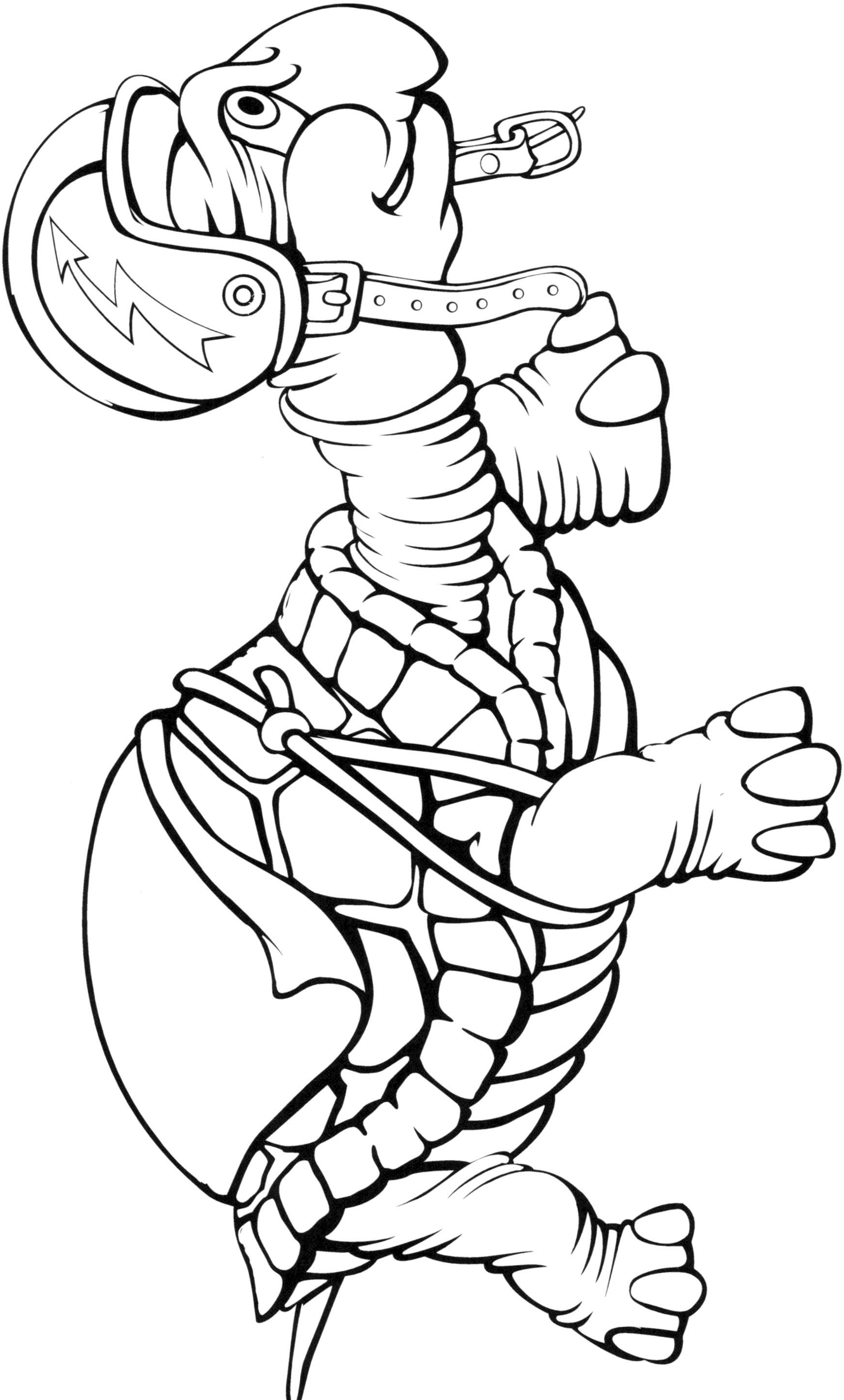

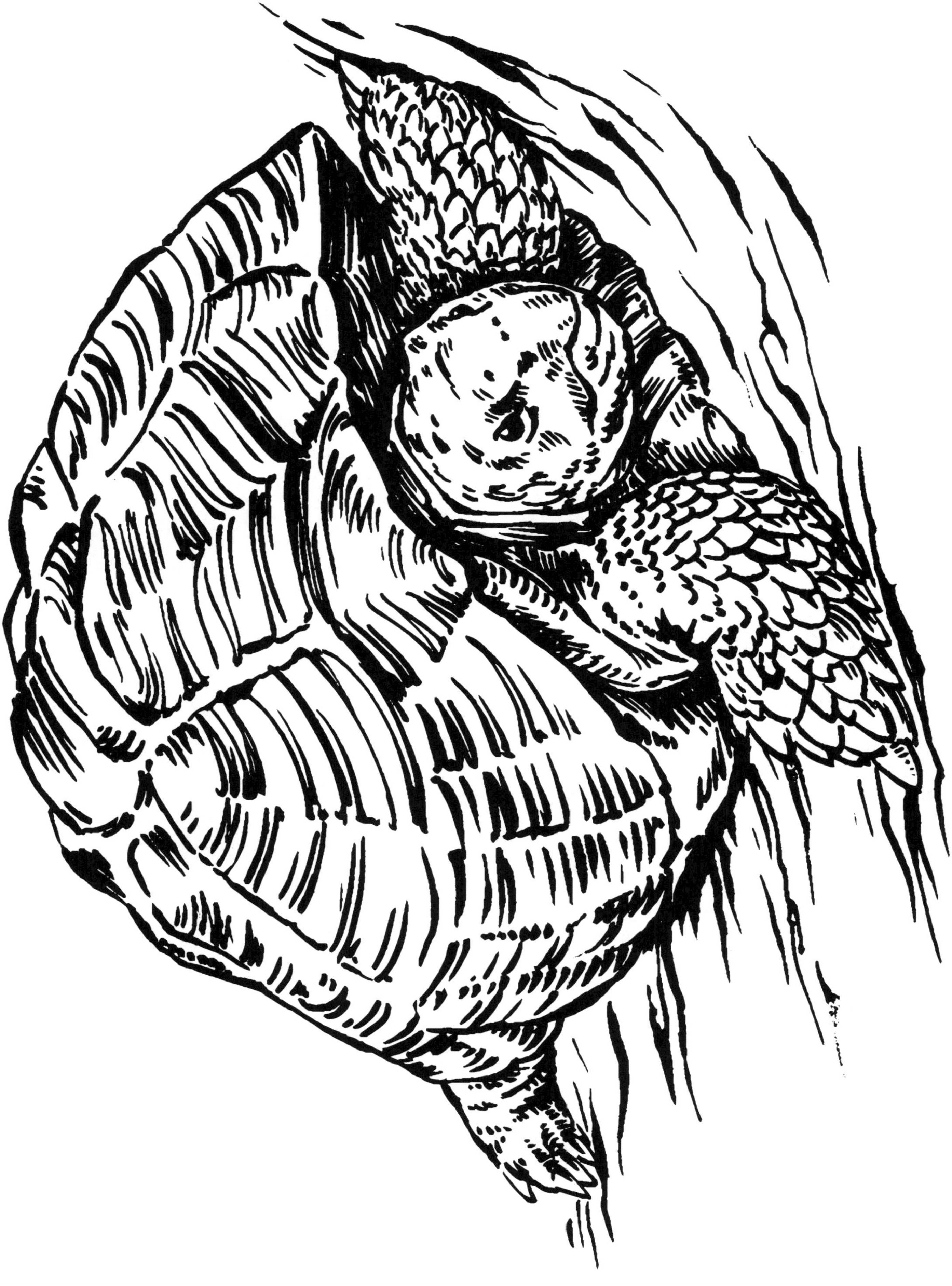

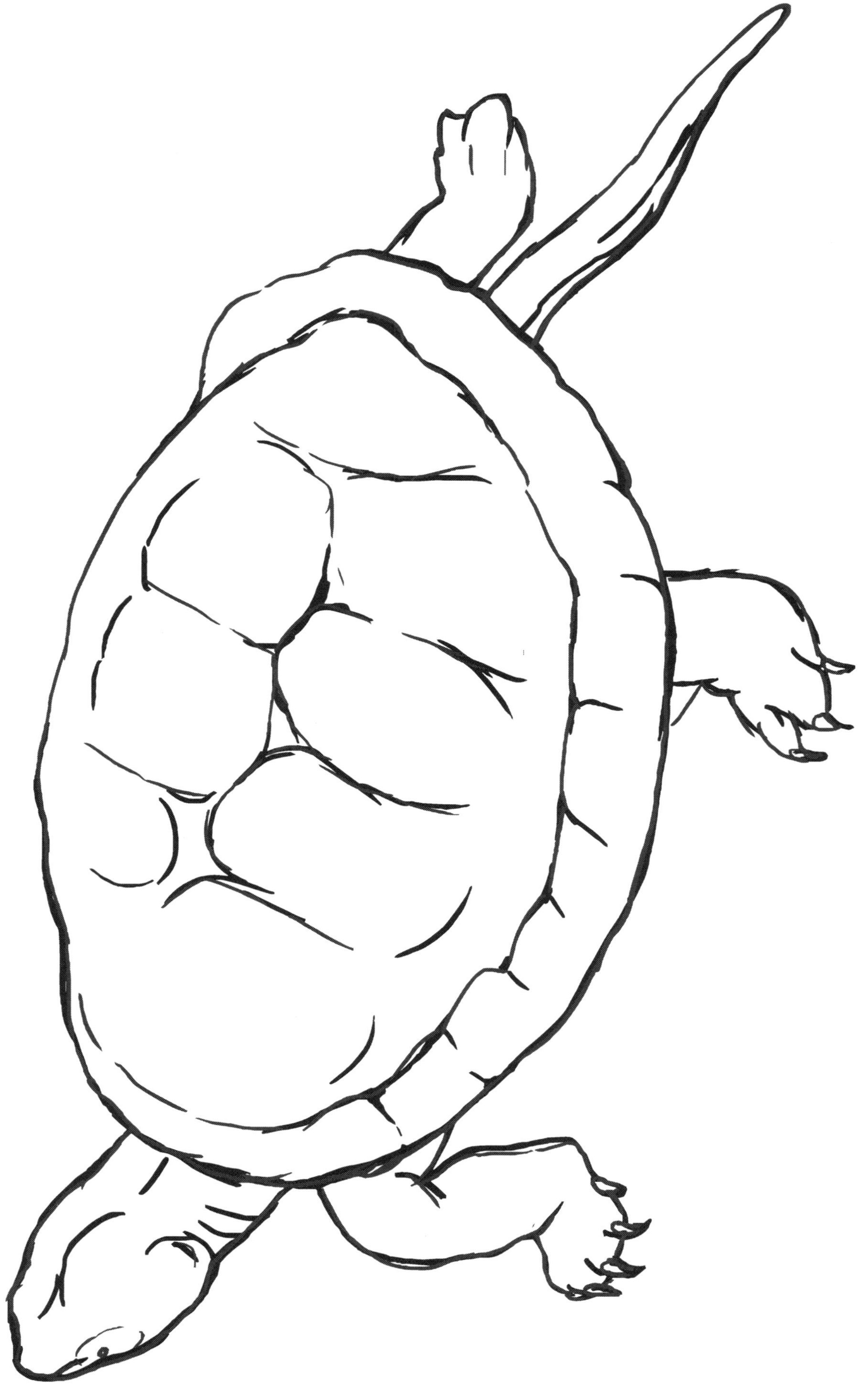

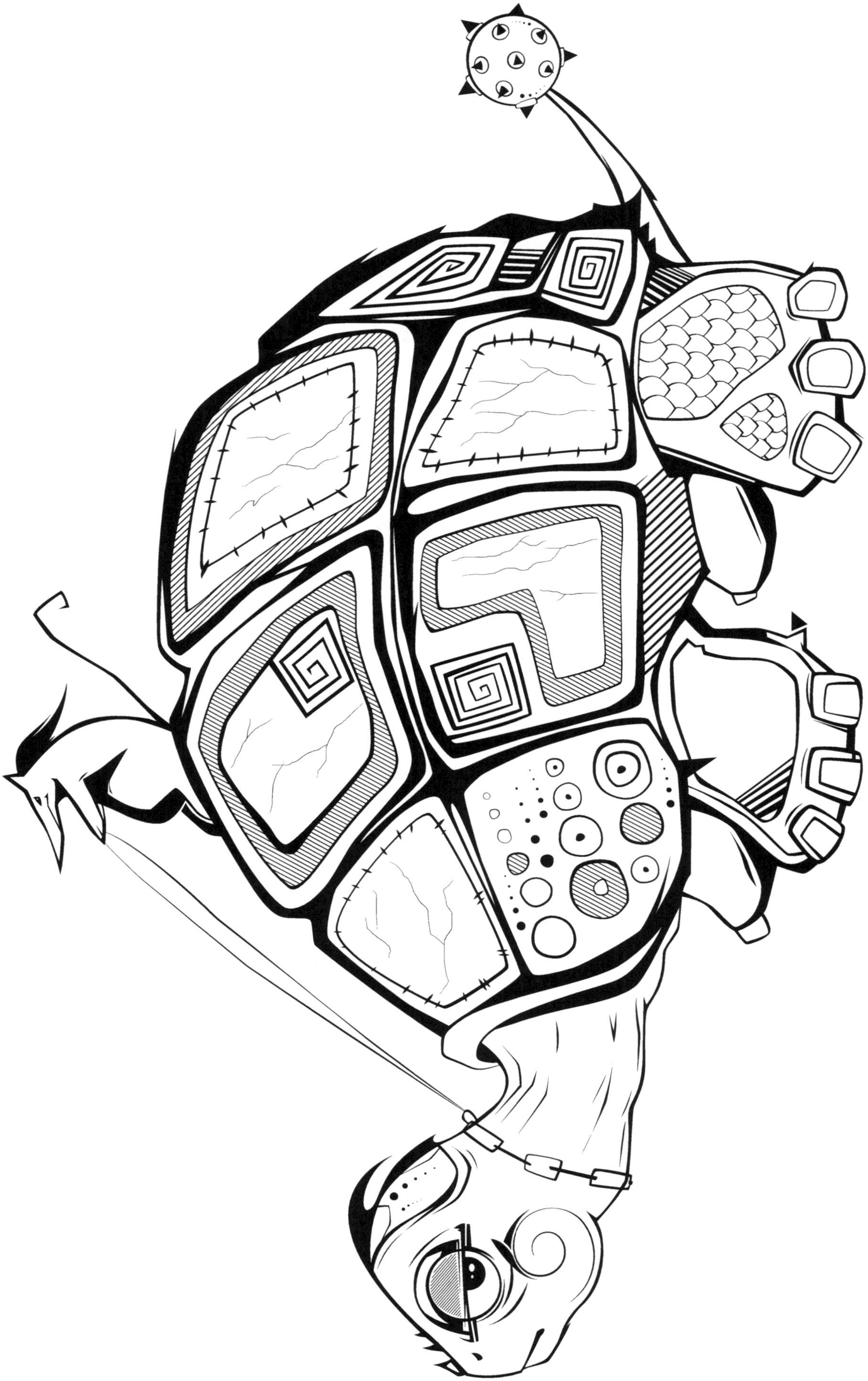

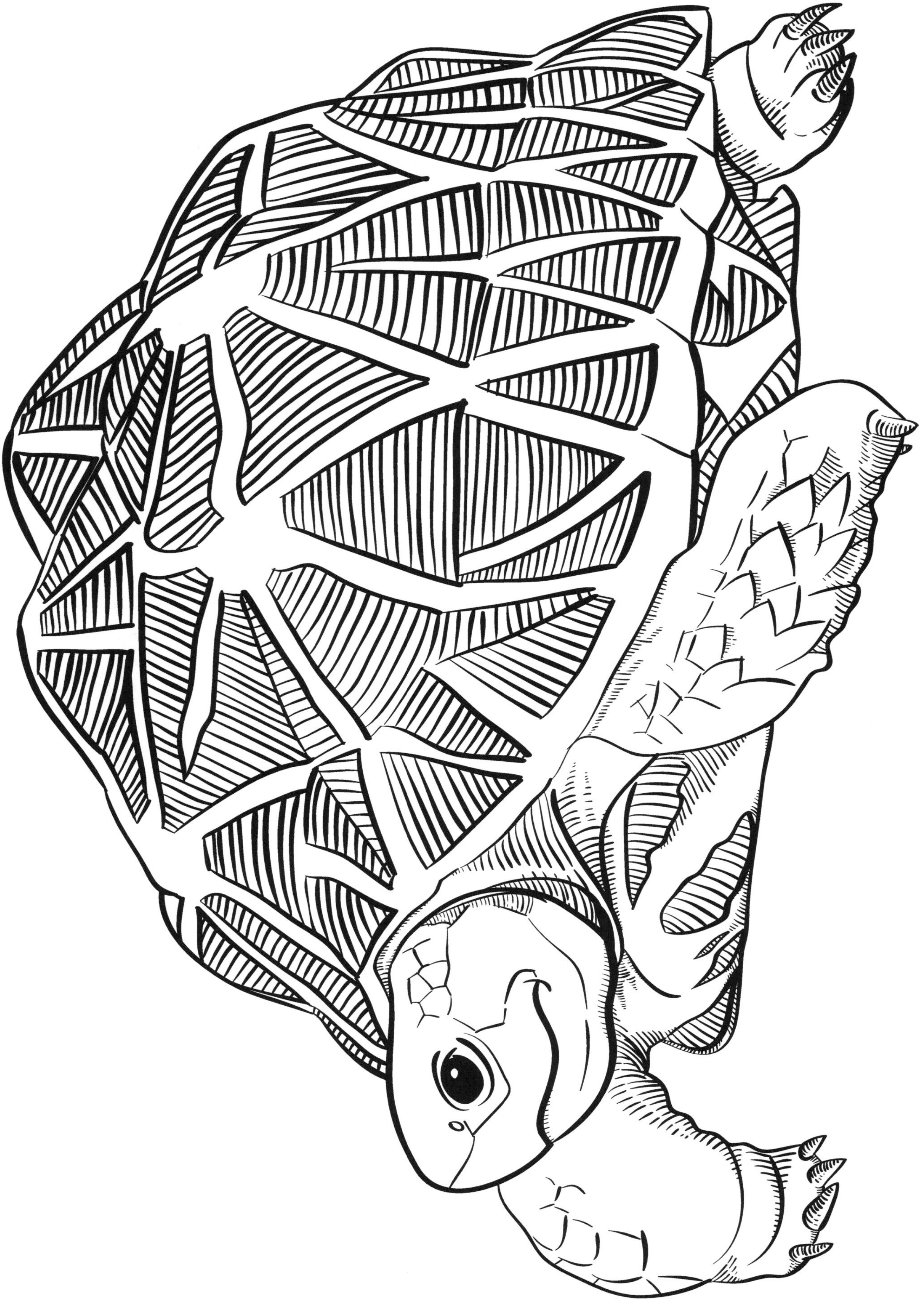

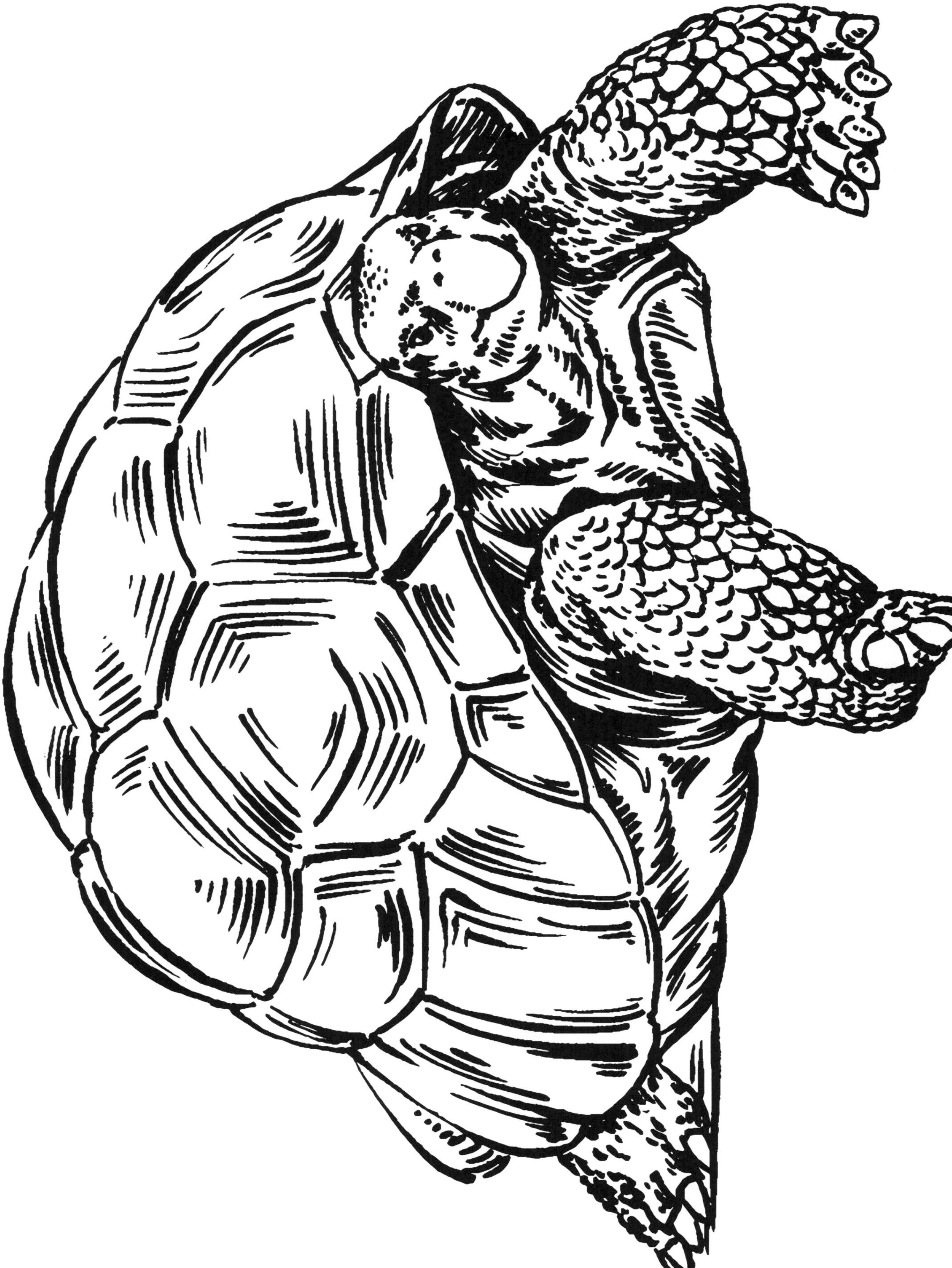

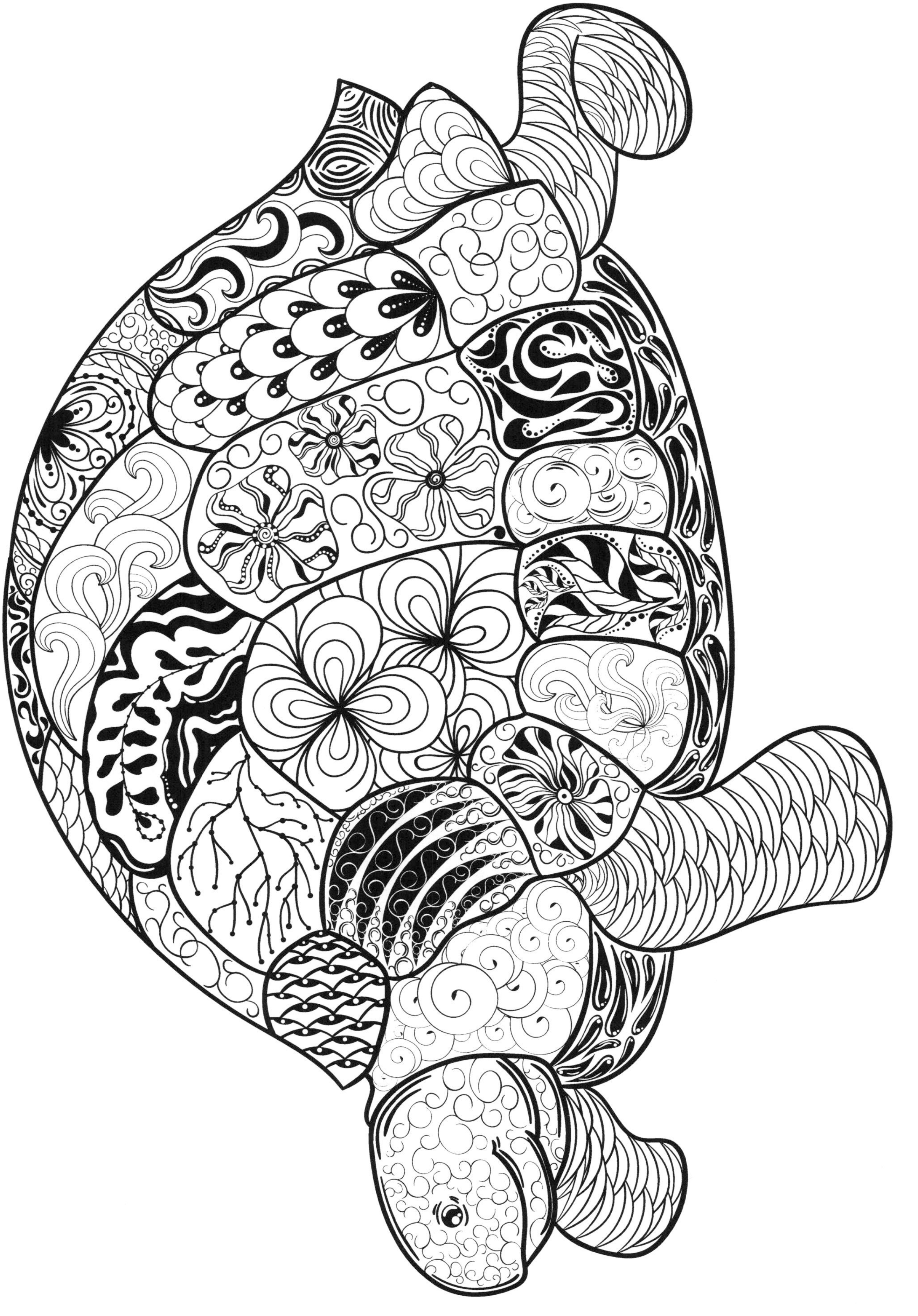

Horses, Unicorns and Pegasus
Adult Coloring Book 1

Animals Adult Coloring Book 1

Butterflies
Coloring Book for Grown-Ups 1

Owls
Coloring Book for Grown-Ups 1

Elephants
Coloring Book for Grown-Ups 1

Fantasy Animals
Coloring Book for Grown-Ups 1

Lions
Coloring Book for Grown-Ups 1

Tigers
Coloring Book for Grown-Ups 1

Wolves
Coloring Book for Grown-Ups 1

Please post a positive review on Amazon,
if you loved this coloring book.

Thank you,

Nick

36084373R00060

Made in the USA
San Bernardino, CA
12 July 2016